창가에 머문 달빛

1976.08
빛바랜 사진 한장 (특파원시절)

1979.04
경주에서

1979.05
설악계곡에서

1983.08
설악 울산바위 길목에서

2002.04
태백황지에서

2002.04
태백문협탐방에서

2007.10
도시철도 시화전

2004.11
생질녀 윤정애 시인과

2002.04
양현근 시인과 동학사에서

고하문학관 탐방에서

고하 최승범 선생님과

2003.05
미래문학 회원 합평

2003.03
고창문학 탐방길에

평생교육 금빛 봉사단
단원들 나들이

금빛 평생교육 봉사단 서해안에서

문학상 시상식에서 수상자 왕수영 시인(일본)과 함께

신인상 김은영 수상

수상자와 함께

최광림, 장춘득, 김중위, 손수여

국제문학상 박곤걸 시인 수상자와 함께

시인들이 한자리에

오늘의문학 시인선 412

창가에 머문 달빛

장춘득 시조집

오늘의문학사

국립중앙도서관 출판시도서목록(CIP)

창가에 머문 달빛 : 장춘득 시조집 / 지은이: 장춘득. -- 대전 : 오늘의문학사, 2018
p. ; cm. -- (오늘의문학 시인선 ; 412)

대전문화재단과에서 대전광역시에서 사업비 일부를 지원받았음
ISBN 978-89-5669-887-8 03810 : ₩9000

한국 현대 시조[韓國現代時調]

811.36-KDC6
895.715-DDC23 CIP2018001298

창가에 머문 달빛

■ 서문

「창가에 머문 달빛」을 내면서

오래 묵으니, 50년근 산삼이 아니라, 산수(傘壽)에 이른 치매노인이 되었나 보다.

1971년에 졸작 몇 수 빚어, 1972년에 시조집 『등잔불』을 발간하려다가, 시대의 조류로 자진 해판하고 역마길에 올랐다.

내 생애에는 문집 발간을 하지 않으리라 다짐 한 것이 40여년이 지난 2017년에, 대전문화재단의 지원을 받아 잡지 동인지에 발표 된 것만 대충모아 시조집 『창가에 머문 달빛』 졸작을 내놓게 되었다. 급히 수집하다 보니 뒤죽박죽이다.

몇몇 남은 작품과 칼럼은 저승에나 갖고 가서 혼자 읽으리라. 내 품새가 그러하니 어떠하랴! 내가 걸어온 길이 그런 것을 어찌하랴! 도움을 주신 분들에게 감사드린다.

2018년 1월 장 춘 득

시조 문단(文壇)의 영원한 자유혼(自由魂)

– 장춘득 시조집 『창가에 머문 달빛』 작품세계

문학평론가 **리 헌 석**

사단법인 문학사랑협의회 이사장

1.

장춘득 시인의 시조 창작에 대한 의지는 굳건합니다. 하지만, 어느 하나에 얽매이지 않는 불기(不羈)의 정신, 예술인다운 자유혼(自由魂)을 지향하는 것 같습니다. 시인은 오랜 기간 어느 하나에 정착하지 못한 채 방랑의 길을 걷습니다. 세상의 잣대로는 이해하기 어려울 정도로 나그네 생활을 영위해 온 분입니다.

장춘득 시인은 1938년 7월 21일에 충북 진천에서 출생합니다. 선생의 부친은 옹기를 빚고, 옹기공장을 운영한 분입니다. 또한 기와공장까지 확장하여 운영하였고, 생산품을 전국에 판매하여 경제적으로 넉넉하였다고 합니다. 이러한 가정의 장남으로 태어난 시인은 유복하게 성장합니다. 옹기를 굽고 판매하는 가업은 조선시대부터 이어져 온 종교와 닿아 있습니다. 가톨릭 신자들은 종교적 박해를 피하기 위해 토기(옹기와 도기)를 빚어 피난살이를 하였는데, 장춘득 선생의 부친도 그러한 경우에 해당합니다.

'創人學園' 법학과 재학 중 대전에서 발행하는 《중도일보》 기자로 입사합니다. 그러나 회사에서 근무하는 것보다, 특파원으로 전국을 취재하며 주유(周遊)하기를 선호합니다. 또한 보건사회에 대한 관심으로 《보사공론》의 취재 특파원으로 근무하기도 합니다. 지천명(知天命)에 이르러, 제약회사 대리점을 운영하다가, 다시 신문사에 재입사하였다가, 다시 퇴사하면서 전국을 방랑하게 되었고, 이때부터 시조(時調) 창작에 나섭니다.

물 찾아 山 찾아 세월 낚는 詩人아!
三千甲子 東方朔도 가는 해 못 잡았고
李太白 詩聖 호걸도 지는 달은 못 잡았네.

李白은 洞庭湖에 달을 안고 놀았는데
鏡浦台 四鏡月을 外面하고 가려는가
湖水에 배 띄워 놓고 詩興에 취해보면…

하늘에 걸린 달 바다에 춤추는 달
하아얀 젖무덤 풀고 손짓하는 湖水에 뜬 달
입술로 불태우는 사랑인가 술잔 속에 애타는 달.

— 「강릉 경포대」 전문

1971년 8월에 '민속취재'를 위해 강릉 경포대를 돌아보고 쓴 시조로 《자유신보》에 수록되어 있는 작품입니다. 이때 쓴 시조 1편 「영랑 속의 낙서장」이 함께 남아 있습니다. 선생은 그 동안 창작한 작품들을 모아 1972년에 시조집 『등잔불』을 편집합니다. 당시 언론사 특파원으로 정부정책을 비판하는 기사를 자주 썼기 때문에, 시조 역시 그러려니 판단한 당국의 집요한 압력으로 시조집 제판(製版)의 활자(活字)를 파기합니다. 이러한 해판(解版, 판의 활자를 해체하는 일)으로 인해 시인의 첫 시조집은 세상에 태어날 수 없었고, 당시의 작품도 거의 망실(亡失)되었지만, 신문에 발표한 두 수 「강릉 경포대」와 「영랑 속의 낙서장」은 살아남습니다.

이러한 시련 속에서도 선생은 간헐적으로 시조를 창작합니다. 1997년에 대전에서 발간하는 『가람문학』에 참여하여 시조 창작의 삽날을 벼립니다. 이어 1999년 미래문학회를 창립하여, 1대 회장으로 동인지 『미래문학』을 발간하였고, 후일 계간 문학지로 성장시키면서 꾸준히 시조를 빚습니다. 2017년 현재 『미래문학』 29호(겨울호)를 발간하면서 문학의 텃밭을 경작하고 있습니다.

이 『미래문학』은 '국제교류문단'을 지향하여 해외 교포문인들의 메카(Mecca, 특정 분야의 중심지)로 인정받아 여러 나라의 교포들이 참여합니다. 기억할 만한 분들의 성명만 기록해도 수궁이 될 터입니다. 미국에서는 고원 김호길 배정웅 기영주 김동찬 이정기 정용진 김한옥 최효섭 등이 참여하였고, 캐나다에서는 반병섭 엔킴 박능재 박영미 등이 적극적이

었습니다. 아르헨티나에서는 임동각 박형영, 러시아에서는 이리나 박미하일, 일본에서는 왕수영, 스페인에서는 오수애, 호주에서는 이효정 등이 고국의 『미래문학』에서 상을 받거나, 작품을 발표해 왔습니다.

장춘득 시인이 시조 창작에 입문하여 『미래문학』의 발행인으로 나서기 전까지 발표한 작품은 많이 남아 있지 않습니다. 「강릉 경포대」(1971), 「영랑 속의 낙서장」(1971), 「어느 겨울밤」(1973), 「시골뜨기 일기」(1974), 「백마고지」(1975), 「나그네」(1975), 「진고개를 넘으며」(1978), 「옛 성터」(1980) 등입니다.

시조집 1권 분량의 작품을 해판한 후, 시 창작에 대한 의욕이 사라졌고, 시보다 의례적인 산문을 집필하게 됩니다. 이런 과정에서도 창작을 쉬지 않았고, 빚어진 시조를 모아 2017년에 첫 시조집 『창가에 머문 달빛』을 발간합니다. 대전문화재단에서 등단 30년 이상, 연령 65세 이상의 원로들에게 특별한 기회를 마련하여 발간하는 시조집입니다.

2.

장춘득 시인이 문학창작에 전념하고, 대전광역시에 정착한 것은 놀라운 변화입니다. 전국을 무대로 떠돌던 그가 한 곳에서 '할일'이 생긴 것입니다. 그 첫 번째는 1997년 『가람문학』에 참여하여 시조창작의 이웃을 만난 일입니다. 두 번째는 1999년에 창간한 『미래문학』의 성장을 위해 신명을 바쳐 추진해야 할 일입니다. 세 번째는 2001년 『오늘의문학』 겨울호 '신작특집'에 시작노트와 함께 시조 6편이 수록되면서 대전문인협회에 입회를 한 일입니다.

선생이 한권의 문학지에 6편을 발표한 것은 처음 있는 일입니다. 『오늘의문학』 2001년 겨울호에 수록된 '시작노트'에 선생은 연시조 「위선자」를 앞에 예거(例擧)한 후 풍자적인 어조로 설명합니다. 그리고 작품 6편을 수록하였는데, 「뜬구름 따라서」 「여정에 핀 인연」 「시골뜨기 일기」 「하나만 아는 바보」 「잊혀진 얼굴」 「어느 겨울밤」 등 서정적 작품들입니다. 이들 중 1편을 감상해봅니다.

삼십년 긴긴 세월
추억은 아득한데

현해탄 넘나드는
가슴 시린 은빛 날개

이국에
맺어진 인연
장벽만이 높았네.

나고야 피던 장미
유리창에 그려 보며

눈물진 이슬방울
추억 한 줌 망각 한 줌

허공에
뿌린 그리움
시가 되어 내리네.

—「하나만 아는 바보」 전문

평생 독신으로 살았다는 선생도 아름다운 사랑에 빠졌던가 봅니다. 그 사람과 헤어진 지 30여 년이 되어가는 것 같습니다. 그리하여 〈나고야 피던 장미/ 유리창에 그려 보며/ 눈물진 이슬방울/ 추억 한 줌 망각 한 줌〉으로 남습니다.

이 작품은 이와 같은 그리움의 정서를 노래하면서도, 우리 겨레가 일본의 압제에서 울며 지낸 30여 년을 연상하게 하고, 〈현해탄 넘나드는/ 가슴 시린 은빛 날개〉에서는 태평양 전쟁을 마감하는 원자폭탄 투하를 위해 날아온 폭격기가 연상됩니다. 특히 '은빛 날개'에서 유추할 수 있는 것은 원자폭탄이 터진 후에 자행한 일본인들의 잔혹성이며, 영원히 잊지 말아야 할 통증입니다. 똑같은 원폭 피해자지만, 일본인과 한국인의 차별이 '장벽'으로 존재한다는 역사적 의미도 담고 있습니다.

어떻든 이 작품은 우리 겨레의 역사와 시인의 정서가 융합되어 빚어진 작품으로 찬탄 받아 마땅합니다. 한 곳에 정착하기를 꺼리고, 하나에 집중하기를 피하려는 선생은 시조 창작에서도 이러한 성향이 나타납니다. 시조의 율격을 지키면서도 때로는 작품에 새로운 감동을 생성하기 위하여 파격(破格)의 미(美)를 원용(援用)합니다.

참새
멧새
원앙
제비
검수리
기러기
무리들
꿈을 찾아
창공을 간다

참새는 방앗간을 찾고
멧새는 덤불을 간다

원앙은 蓮堂에 제비는 江南을 가고
검수리 동행하던
길 잃은 기러기
옛 들녘
찾은 因緣 따라 달빛 아래 날고 있다

—「동행(同行) 2」 전문

이 시조는 2수로 빚어진 작품입니다. 첫 수에서는 하늘을 나는 기러기의 질서정연한 비상에서 유추된 형상화입니다. 기러기뿐만 아니라, 참새 멧새 원앙 제비 검수리 등도 함께 어울려 일정한 방향으로 날아가고 있는 모습을 '언어의 그림'으로 표현하여 정서 공유에 큰 효과를 보고 있습니다. 서로 다른 삶이지만, 하늘을 날며 살아가는 '더불어 삶'의 의미를 담아내기도 합니다. 둘째 수는 좀 더 간략하게 그려내고 있습니다. 초장을 1장으로, 중장은 2구 중첩으로, 종장은 첫 구를 독립시키고, 남은 부분을 1장과 같이 길게 배열하여 '시조 율격의 변화'를 추구하고 있습니다.

이는 첫 수에서 시조의 정형서보다 자유분방함을 형상화하였다면, 둘째 수에서는 좀 더 정제된 정서를 표현하고자 변화를 수렴합니다. 이렇듯이 장춘득 시인은 어느 한 유형에 집착하지 않고, 변화하는 세상을 작품에 수용하고 관조하여, 내면적 정서를 작품에 풀어내고 있습니다.

3.

장춘득 시인은 언론계에서 생활하며 필화(筆禍)를 자주 경험한 분입니다. 본인의 주장처럼 "개인에 대한 폭로 기사가 아니라, 정치와 사회에 대한 비판을 시원하게 직설적으로 표현"하다가 그리되었을 터입니다. 혹독한 아픔을 겪다가 붓을 돌린 언론인들을 우리는 많이 보아왔습니다. 그러나 자신의 안위보다 우리 사회, 우리나라 역사에 대하여 바른 시각으로 보도하는 자세는 언론인의 사명일 터입니다. 단시조에 사상과 정서를 융합하여 정리한 작품 「문민정부」가 많은 생각을 하게 합니다.

어부지리 찾은 광복
허리 자른 철조망

적화통일 멸공통일
총부리 마주대고

오늘도
슬픈 민족은
붉은 음모에 통곡한다.

—「문민정부」 전문

선생은 일본의 압제에서 벗어난 우리의 '광복'은 우리 힘으로 쟁취한 것이 아니어서 그야말로 '어부지리'라고 생각합니다. 이러한 생각은 우리 겨레 대부분이 인지하고 있는 역사이기는 하지만, 광복을 위해 준비하고 실행하였던 독립투사와 임시정부 요인들, 해외에서 목숨 걸고 독립자금을 모아 독립군에게 전달한 분들에게는 좀 섭섭한 표현일 터입니다. 또한 미국과 소련이 우리나라의 허리를 자의적으로 자른 일도 부끄러운 역사일 터입니다.

중장에서는 오늘날의 현실을 고발합니다. 북쪽에서는 '적화통일'을 부르짖고, 남쪽에서는 '멸공통일'을 외칩니다. 양측이 동족의 가슴에 총부리를 겨누고 있습니다. 이런 현실이 부끄럽고, 슬퍼 시인은 통곡할 수밖에 없습니다. 이제 산수(傘壽, 80세)를 넘긴 시인에게는 글로 표현할 수 있을 뿐, 몸으로 애국을 실천할 수 없어 더욱 슬픈 나날일 터입니다. 생명을 걸고 지켜야할 조국에 대한 뜨거운 사랑을 간직하고 있지만, 이를 실천할 수 없음에 통증은 더욱 심해질 뿐입니다. 그러기에 선생은 마음을 허정하게 비웁니다.

시어가 어떠하고
은유가 어떻고

삼장 육구 짜 맞추는
음보 조각 미사여구

흑발의
푸르던 꿈은
백설에 지는 허무.

—「공허(空虛)」 전문

조국에 대한 안타까운 정서만큼, 시조를 창작하는 데에서도 이제 허허로워집니다. 시조를 빚는 시어가 어떠하며, 표현의 비유와 상징이 어떠하며, 형식의 삼장 육구가 어떠하며, 작품을 분해하여 주장하는 음보와 문장의 미사여구가 어떠하며, 등으로 시조 작품을 해석하고 평가합니다. 그러나 선생은 이러한 제약들로부터 벗어나고자 합니다.

좋은 작품을 빚으려던 시기의 '푸르던 꿈'은 흰머리(백설)에 떨어지는 '허상(허무)'일 뿐입니다. 이제 선생의 몸도 예전과 다릅니다. 작고 큰 병마(病魔)들이 선생을 괴롭힙니다. 그리하여 선생은 "1972년에 발간하려던 시조집을 해판한 후, 때로는 Bohemian처럼 방랑하였는데, 이제 처음이자 마지막으로 시조집을 발간하여 정착의 열매를 얻습니다."라며 안도하는 내면을 밝힙니다. 오랜 방랑을 마치고, 고향에 돌아온 Stranger처럼 고단한 삶을 돌아보는 선생의 눈빛이 서늘해 보입니다.

그러나 장춘득 시인은 펜을 들 수 있을 정도의 힘만 있어도 문학의 밭을 경작할 터입니다. 컴퓨터 자판을 두드릴 수만 있어도 시조를 빛을 선생이기에, 우리는 앞으로 더 큰 공감대를 생성하는 작품을 빛으리라 믿고 기대합니다. 연년익수(年年益壽)를 기억하십시오. 산수(傘壽)는 새로운 삶의 시작일 수 있습니다.

차례

1부 나그네 구름

2부 산사의 메아리

3부 할머니의 자장가

4부 구원의 등불

자유시

‖ **발문** ‖

제 1부

나그네 구름

동행(同行)

하늘과 땅 빛과 어둠
쌍둥이로 태어나

미지의 길을 열며 무한으로 가고 있다

실패한
신의 창조는
골고다의 실락원

* 10. 07 굿판에 희망을 거는 막막한 민생들

간이역

누덕진 흔적에는
철새들의 쉼터였다

저자거리 약속은
깨기 위해 존재하고

인연은 집창촌의 약속
거쳐 가는 풋사랑

* 2007. 9. 19 흩어지는 인연들을 보면서

* 시작 노트

이따금 다실에 차 한 잔하며 담론이 꽃피다 보면 국가의 지도자는 출생과 성장이 중요하다고 한다. 문민정부 참여정부 여권신장 창녀생산 정치의 업적은 이혼률 세계 1위 창녀국 세계 1위 국가로 즐기는 문화 해외뉴스의 칭찬기사! 하루가 다르게 중년에서 황혼에 이르기까지 도장 들고 법원에 도장 찍으러 다닌다는 소식이다.

둘이니 공평하게 하나씩 갈라서는 것이다. 이젠 호적도 개별적으로 분리한다고 하지 않던가! 도장을 찍건 이혼을 하건 둘이니 좌청용 우백호 새 님을 찾아간다. 또 여성이 10번을 이혼해도 전적을 기록하지 않아 과거가 누설되지 않는다고 한다. 참 편리한 세상이다. 신혼집도 6,70평짜리 큰집에 누워 천정 보며 만족하지만 시작이 소멸하니 집은 소송에 애물단지다. 가락지는 돌고 돌아도 끝이 없어 끝남이 없는 결혼의 의미라고 배웠는데 옛 성현의 착각이었다.

역설적으로 생각하니 결혼은 시작이고 원은 시작도 끝도 없다. 즉 시작과 끝은 소멸하는 것이니 오늘도 내일도 시작이고 끝이다. 오늘 시작했으니 내일은 소멸이고 다시 시작이 아닌가! 그러니 신랑신부는 소멸되는 시작에서 시작으로 반복되는 소멸의 사랑! 시간 결혼, 일수 결혼, 집창촌 여성들이 선각자가 아니던가!

강릉 경포대(江陵 鏡浦台)

물 찾아 山 찾아 세월 낚는 詩人아!
三千甲子 東方朔도 가는 해 못 잡았고
李太白 詩聖 호걸도 지는 달은 못 잡았네.

李白은 洞庭湖에 달을 안고 놀았는데
鏡浦台 四鏡月을 外面하고 가려는가
湖水에 배 띄워 놓고 詩興에 취해보면…

하늘에 걸린 달 바다에 춤추는 달
하아얀 젖무덤 풀고 손짓하는 湖水에 뜬 달
입술로 불태우는 사랑인가 술잔 속에 애타는 달.

* 1971년 08월 동해안 民俗取材 길에서 '자유신보'

건널 수 없는 江

江 폭이 너무 넓어
건널 수가 없었다

물안개로 어우러져
虛空에 뿌린 사랑

투명 벽
쌍곡선 레일 위에
비가 되어 내린다

* 1998. 01. 26

계룡산 주점에서

계곡 물 소글소글
담장 밑을 지나가고
달빛도 술에 취해 능선에 잠드는가

마지막
비운 석별의 잔
즐거웠습니다 아듀

주발주 기울이며
불 지핀 정이련가

얼어붙은 빗장 열어
화두에 던진 사유

동공에
각인된 얼굴
꿈에서도 그릴걸세

* 2001. 09. 03 목로주점에서

골고다로 가는 길

십사처 선로선공(善路善功)
속세(俗世)에 너울입어

칠성사 천주성총(天主聖寵)
칠죄종에 가렸어라

고해방(告解房)
성찰(省察)
통회(痛悔)
정개(定改)
내 탓이오 의미는…

* 시작 노트

왼손이 하는 것 오른 손이 모르게 하라는 미덕의 선행! 교회 안에서는 자매님 형제님 친절이 넘쳐나고 교회 문 벗어나면 사회에 얼은 고사리 손에 동전 한푼 적선은 모르쇠! 어느 고아원 양로원에 라면 몇 박스 쌓아놓고 사진 찍는데는 앞자리 비집는 허세들이 음달의 보이지 않는 굶주림에는 외면한다. 또한 사제라는 탈을 쓰고 정치에 영합하여 시위대만 골라 다니며 국가와 사회를 혼란 속으로 빠뜨리는 유다가 난무하는 오늘의 현실.

공허(空虛)

시어가 어떠하고
은유가 어떻고

삼장육구 짜 맞추는
음보조각 미사여구

흑발의
푸르던 꿈은
백설에 지는 허무더라

공간의 여운에서

여운을 타고 가는
허전한 빈자리

목마름의 고독은
幻影을 붙들고

가슴에
새기는 그리움
이슬방울로 떨어진다

* 1997. 08. 02 이슬비 내리는 오후 벗을 전송하며

* 시작 노트

석별의 창가에는 이슬비가 내린다. 잉태한 가시 밭 길, 흘러가는 공간에서 되돌아 가기에는 너무 멀리 온길, 또 하나의 업보는 수채화로 채색된다.

觀照

수양버들 연못가에
花柳亭 풍악소리

원앙새 사랑놀이
어화둥둥 방아 찧고

菊花酒
주안상 머리
변강쇠 양반님들

* 2005. 미식가들 뇌물상 받아먹고

* 시작 노트

연못에는 잉어가 한가로이 遊泳하고 휘휘 늘어진 수양버들 아래 亭子에는 爲政者들 話答弄이 익어간다.

人間私語라도 天聽若雷하고 暗室欺心이라도 神目如電이라 하였던가! 婚因式에는 志操군은 기러기를 품에 안겨주고 寢房에는 원앙금침 수를 놓듯 암수가 만나면 지조없이 붙는 원앙새 사랑놀이!

妓女들의 妖艶한 유혹에 입이 火根이고 "白酒는 紅顔面이요 黃金은 黑人心이라! 房子놈의 마음이 焰硝庭 굴뚝이요 虎頭閣 大廳이라." 춘향전의 일절이다. 동지섣달 푹 익어 숙성된 그윽한 菊花香에 취해 妖婦의 품에 어쑥 가는 양반님들의 얕은 智慧가 굴비 엮이듯 줄줄이 엮여 공밥을 먹으러 간다.

금환식(金環蝕)

오월 햇볕 오만한 횡포
말라 죽는 녹수청산

기후의 변화라고
태양의 궤도 이탈

배신에
분노한 낮달
태양을 삼켜버렸다

* 2006. 06. 03 5.31 국회의원 선거를 보면서

김매는 아낙네

달구벌 사래긴 밭
김매는 아낙 농요(農謠)

향(香)내음 바람에 실어
쉼터에 전해주며

연꽃은
물 위에 앉아
같이 놀자 손짓하네

저녁 새참 둘러앉은
시원한 막걸리 잔

풋풋한 정(情)담아서
잔 비우는 아낙네

찌들은
시집살이 한(恨)
사설가(辭說歌)로 노을진다.

나그네

이정표 없는 十字路
風雲에 실린 세월

燭淚 멈춘 빈 술잔
달그림자 문살 세고

목로집
나그네 인연
이슬 담는 뱃고동 소리

* 1975. 01. 23　港都 釜山에서

* 시작 노트

목적 없는 여행에도 아름다운 추억은 있었나보다. 나그네 두둑한 주머니는 지폐 대신 원고지에 담배 꽁초만 먼지로 흩어지고 동료들이 갚아 주는 외상 밥값 九九단이 숫자를 대신했다. 영원히 헤어질 수 없는 술좌석은 없다고 하였던가!

거쳐 가는 나그네 길에 기억에 새긴 벗이 있어 먼길을 전송 나온 석별의 술잔은 달빛을 벗 삼았고 귓전을 스치는 출항의 고동소리가 못 다한 이야기에 눈물을 담고 있었다.

인권옹호 양부장님, kbs 김아나, mbc 이아나, 중앙 정기자, 검 경 벗들의 따뜻한 우정 기억에 간직하면서 그리움으로 머물러야 할 또 하나의 그림자 하나.

나그네 구름

빈 하늘 지친 행장
누굴 찾아
가고 또 간다

만났다가 헤어지고
다시 또 만나고

솜 같이
포근한 손잡고
정처 없이 흘러간다

눈 내리는 산장에서

억겁의 전설 담아
줄기 내린 계룡산
자락으로 품어 안은 산장의 밤은 깊고
첫 눈 길
자북자북 걷는
우산 속의 두 그림자

나목의 시신들은
벽난로에 열반하고
겉옷 벗은 하얀 목덜미 긴-머리 여인의 체취
욕계(欲界)의
해탈하지 못한
붉은 포도주의 유혹인가

* 2005. 12. 04 함박눈이 내리던 밤

동시조

반만년 오랜 역사
무궁화 꽃 금수강산

어린이 겨레시
세계 으뜸 우리 글

동시조
어린이 놀이터
뛰어노는 꽃동산

동행(同行) 2

참새
멧새
원앙
제비
검수리
기러기
무리들
꿈을 찾아
창공을 간다

참새는 방앗간을 찾고
멧새는 덤불을 간다

원앙은 蓮堂에 제비는 江南을 가고
검수리 동행하던 길 잃은 기러기
옛 들녘
찾은 因緣 따라
달빛 아래 날고 있다

* 2007.11. 29. 歲月의 潮流에서

만남

버리고 간 빈자리
외톨이 旅行이다
到着地 낯선 驛에 반겨주는 전화 음성

뜬구름
인생살이 길
가는 곳이 故鄕인듯

한주판 벌린 情談
주고 받는 막걸리잔
初面 얼굴 詩 한 首로 빈 가슴 채우는가

幻影에
그려본 얼굴
술 잔에 젖어있네

* 2007. 11. 26 旅程에서

망부석

능선에 걸린 석양
섬진강에 불타고

불혹령 고개마루
포구에 잦은 술잔

그리움
얼음벽 되어
가슴 닫힌 쇠빗장

* 2004. 봄. 경남 하동에서

木乃伊* 엿장수

댓고바리 제멋대로
허수아비 엿장수
허풍 강정 눈깔사탕 호박엿 들러붙고

혀끝에
감칠맛 찾다
이빨 뿌리 다 썩는다

목내이 엿장수
댓고바리 눈치 보기
사탕 바른 부푼 강정 쓰레기로 열린 난장

가위 쥔
지친 아우성
울혈로 토하는가

* 2003. 07. 03

* 木乃伊 : 나무로 만든 꼭두각시

문민정부

어부지리 찾은 광복
허리 자른 철조망

적화통일 멸공통일
총부리 마주대고

오늘도
슬픈 민족은
붉은 음모에 통곡 한다

* 시작 노트

국정원과 검찰이 대규모 간첩단을 구속 "민주노동당 사무부총장, 민주당 보좌관, 연루 환경단체 간부도 포섭대상"이었다고 발표하고 "청와대는 29일 386운동권 출신 청와대 인사의 간첩단 사건 연루 주장은 터무니없는 정치공세"라고 일축했다고 한다. 좌경 강정구 구속 건에 검찰총장 목이 날아간 것을 기억하면서….

제 2부

산사의 메아리

봄 내음

흙 내음 살포시
잔설 녹은 과원 밭

냉이랑 가시씀배
흙에 젖은
보얀손

해 설풋
꽃구름 노을
창가에 익는
수줍은 정

* 2004. 03. 05 죽동 果園에서

백마고지

잘려진 가는 허리
철책에 묶여 있고
포탄에 짓 이겨진 이끼 입은 전쟁 잔해
육신은
파편이 되어
능선 위에 뿌려졌네

"우리는 내 조국을 위하여 산화한다."
단군의 후손들이 절규하는 울부짖음
백마야 너는 알리라 그날의 참상을

밤과 낮 주인 바뀐
역사의 격전장에
북녘을 감시하는 초병의 총뿌리들
오늘도
백마고지에
하루 해가 저문다.

* 1975. 08. 17 철책을 돌아보며

변절

오월 햇볕 이겨내던
안보의 곧은 절개

세류의 유혹에는
비켜가지 못했는가

붉은 꽃
한민족 단맛
지조마저 버렸다

어제의 푸른 바다
오늘의 꽃밭 되고

고결한 청죽기개
濁流에 오염되어

선비의
흰 옷자락도
저자거리 잡놈 됐네

* 2010. 06. 03 지자체 투표를 보며

山寺의 메아리

뎅~ 데우웅~, 해질녘
東鶴寺에 鐘이 울린다

어둠 짙는 五月의 숲
鷄龍山에 메아리지고

잡은 손
꼬옥 쥐면서
침묵하는 당신의 기도

* 2008. 05. 17 東鶴寺 入口.커피숍 백경에서

* 시작 노트

休日의 관광객들이 떼 지어 웅성대던 하루도 해질녘, 山 그늘 따라 靜寂이 드리운다. 멀리서 찾아온 벗과 五月의 태양 아래 녹음을 찾아 東鶴寺 숲길에 발자욱을 묻고 왔다. 하루를 마감하는 山寺의 종소리는 溪谷에 메아리 되어 가슴으로 스며들고 잡은 손 꼬오옥 쥐면서 멈춘 對話는 가슴 속에 합장하는 침묵의 기도…. 계곡의 水晶처럼 맑고 빛깔 없이 透明한 情, 가슴 속에 묻어 나눠질 수 없는 영혼의 벗!

밤의 화음(和音)

윙-솨- 산 숲을
슬고가는 밤바람 소리

텔레비전 기상통보
충청도는 비가 온다는데

여명을
부르는 하현달이
서쪽 하늘에 걸려 있다

우르릉 퉁탕 서생원들
천정에서 마라톤 경기

침대 옆 책더미 속
찍 찌익 서생원들 교성

장닭의 목쉰 울음
새벽을 깨운다

* 2004. 07 孤屋 초막에서

시골뜨기 일기

정겨운 몸짓 유혹
높은 굽과 긴 드레스

리듬을 쫓고 있는
반짝이는 하얀 다리

밀착된
가슴 사이로
스며드는 밀어들

난무하는 섬광으로
위장된 블랙 타임

에로틱한 멜로디의
압박하는 아무르 틴

달콤한

언어의 유희

요정(妖精)들의 늪이어라.

* 1974. 11. 16 역마에 올랐던 길 제천에서

* 아무르틴-화류계성

혈액의 성형은 아무르겐과 아무르틴 크게 2종류로 분류한다.

산사(山寺)의 밤

어둠 깊은 山寺의 밤
조각달 얼굴 묻고

아린 情 해탈 삼장
塔돌이로 닦는 佛心

俗世의
누덕진 홍진
벗을 날은 언제려나.

歲暮의 능선에서

달빛 담던 河東포구
추억담아 묻어둔 곳

미나리 산채나물
된장찌개 보글보글

장작불
지피던 그 모습
다시 볼 수 없었다

싸늘한 歲暮의 밤
얼어가는 낙엽 하나

달등(月燈)불러 내다 걸고
눈물 짓는 너의 별

행여나
만날 수 있을까
마당 끝에 서성인다

* 2001. 12. 31 歲暮의 능선에서

詩友 沃泉을 추모하며

嗚呼라!
미래를 잉태한 未知의 無恨
만나자던 "낼 모래"는 天上의 약속인가
수화기 해맑던 목소리 귓전에서 맴돈다오

한 생애
빚어낸 주옥같은 詩語들
마지막 열은 "국경의 바람소리"
겨레의 魂으로 남아 千秋에 빛나리니…

* 2006. 12. 08

* 沃泉옥천 : 이은방(전 한국시조시인협회 회장) 雅號

어머니

천륜에 이어진 끈
살 속으로 품어 안고

눈보라 모진 폭풍
살신으로 막아낸 삶

유년의
자락 건너서
불러보는 어머니!

상기둥 나무그루
엇가지
쳐낸 자리

멍든 아픔 안쓰러워
눈물 적신 당신의 사랑

육십령
능선에 서서
되새기는 사모곡

* 2003. 02. 13

위선자

청백리 군자 표상(君子表象)
송죽이라 일컫던가

황금만능 세상에는
허상된 속물일세

구동지(拘同知)
공명첩 설화(空名帖 說話)
조선 말기 쓴 웃음

절개 굳은 대나무
속 빈 껍데기고

청청한 소나무도
뒤틀리고 굽었어라

양반님

억(億)! 하는 떡값

민초들의 경악소리

〈蛇足〉

조선 말기 설화로 부자 과부가 "석지" 라고 이름을 지어 애견(愛犬)을을 길렀는데 관아에 근무하는 어느 협잡꾼이 "석지"가 과부의 아들 이름인 줄 알고 〈공명첩〉을 발급한 후 금품을 요구했다. 돈을 준 과부는 〈비록 개이기는 하지만 벼슬을 했으니 소홀히 할 수 있겠느냐?〉고 탄식하며 "갓과 탕건, 관자"를 만들어 머리에 씌워놓으니 세상 사람들은 벼슬한 개를 "구동지(拘同知)라 불렀다 한다.

〈문헌〉大韓季年史

어느 겨울 밤

길 가다 찾아들은 겨울 밤 어느 까페
눈빛을 마주하던 테블위 위티 그라스
장미꽃 그윽한 내음 모닥불을 지폈네.

얼어붙은 심장은 물이 되어 흐르고
얼음으로 변질된 심장의 사연들이
함몰된 역사의 저편 한(恨)으로 남았는데.

싼타의 자선 냄비 함박눈이 내리네
사랑 반 불안 반 가슴에는 방망이질
명동의 인간 시장을 방향없이 걷는다.

"저기가 제가 투숙한 호텔이예요."
사랑이 가압류된 요정(妖精)의 골짜기에
가슴에 묻힌 체온 안고 술 취기가 오른다.

* 1973. 12. 17 서울 명동에서

업보(業報)

폭풍에 날린 꽃잎
三生緣의 업보련가

彼岸의 江둑에서
무지개로 다리 놓아

뜬구름
옷소매 잡고
蓮꽃으로 피는가

* 2001. 09. 19

유년의 언덕

유년 묻은 가랫여울
노적바우 조약돌 강변

형제바우 물소리
여름 밤 연주하고

미리내
조각배 띄워
아기별들 숨박꼭질

두고 온 세월에서
심어놓던 별자리

저 별은 네 별이구
또 하나는 나의 별

찬 이슬
여명을 열던
마당바우 하얀 꿈

* 2004. 04. 19 남한강 용탄리 가랫여울에서

나그네 길

선비네 흰 옷자락
墨香에 젖은 내음

붓 끝에 피어나는 四君子 詩에 담아

낯선 窓
달빛에 기대
읊어보는 詩 한 수

동강난 筆棒자루
유랑길 청춘 갔네

백발진 황혼녘에 녹슨 꿈 눈물 한 줌

억새풀
백양나무 숲
山水畵에 어린다

* 1980 가을 여행길에서

자살공화국

하늘을 봐도 땅을 봐도
절규하는 메아리

"잘 살아보세" 경제부국
핵폭탄 자금되고

실업자
굶주린 노예들
천국으로 이민간다

* 2006. 10. 29

* "잘 살아보세" : 박정희정부 〈경제개발기획 새마을운동〉

* 시작 노트

5,16, 혁명 공약은 "기아선상에 허덕이는 국민을 구출하고"였다. 새마을운동 경제개발 5개년기획은 세계의 꼴지 빈국 거지의 나라를 "아시아의 용" "한강의 기적" 경제부국으로 이뤄 놓았으나 문민정부 햇볕정책의 여론몰이 방종문화는 총성없는 보복정치로 기업은 도산되고 북한 퍼주기는 김정일 집단 핵폭탄 자금 으로 선군정치 구축하고 국민은 피 빨아 북한에 돈 대주는 인질 노예로 둔갑하였다.

남한은 실업자 천국으로 경제파탄에 국민은 빚더미에서 가정파괴와 이혼 자살, 주부들은 생을 유지하기 위하여 유흥장에 몸을 파는 섹스문화의 온상이 되어 섹스도 근로노동으로 인정하라는 시위까지 일고 세계 곳곳에 한국민의 매춘집단 뉴스가 교민들을 치욕스럽게 하고 있다.

살기 위한 몸부림은 경제파탄에서 희망을 잃었고…. "잘 살아보려고 노력했는데" 라는 유서를 남기고 가장이 아내와 아들 딸 가족을 살해하고 자신도 자살했다는 뉴스다. 하루에도 몇 건씩 스스로 목숨을 끊어야 하는 현실의 경제파탄은 자살사망자 세계1위라는 명예! 먹거리 덜 들어가니 노무현 정부는 반가운 소식일런지!

정해년(丁亥年)

이年 저年 칠팔年
거지국에 매춘국

丁亥年의 버선발
문지방 넘었는데

첫날 밤
황금돼지 꿈
어둡기만 하여라.

* 2006. 01. 01 이재정 통일부장관 궤변을 보며

* 시작 노트

이재정 통일부 장관이 "북의 빈곤에 대해 같은 민족으로서 책임을 감수해야 한다"고 밝히고 나섬에 따라 한나라당의 반박도 뜨겁게 일고 있다.

이 장관은 1일 신년인사를 통해 "빈곤이 있는 한 평화와 안보도 이뤄질 수 없다"고 전제한 뒤 "북의 빈곤문제를 기본적으로 해결하지 못하는 한 한반도의 안보는 언제나 위험스러울 것이며 평화도 보장할 수 없을 것"이라고 강조했다.

이어 이 장관은 "우리는 북의 빈곤에 대해 3000억불 수출국으로서, 세계경제 10위권의 국가로서 또 같은 민족으로서 책임을 감수해야 한다"고 언급해 향후 인도적 차원에서의 대북지원 등 기존의 포용정책을 이어가겠다는 의지를 피력했다.

이런 김정일 좌경수구가 정부 각료에 있는데 황금돼지의 꿈은 길몽인지 흉몽일지…. 이재정 좌경수구는 동족을 피바다로 물들인 6,25,전쟁의 원흉이 누구인지부터 배워야 이 나라의 자유민주주의 평화통일이 이룩될 것이다.

역마길에서

경포대 백사장 길
추억이 영글던 밤

달을 불러 잔에 담아
주고 받던 소주잔

나그네
마음 흔들어
발목 잡은 그 친구

이제는 추억의
한 첩에 고히 접어

망각의 한 모서리
기억으로 묻으련다

미래를
잉태한 꿈은
슬픔의 고향이었다고.

* 2011. 05. 18

재회

우려내는 茶盞에
조각 구름 떠오르고

粉내음
살며시
고개 숙인 그 모습

누덕진
편린의 회한
이슬 되어 떨어진다

* 2001. 05. 22 果園에서

종착(終着)

— 지광현 시인 추모시

江山에 情을 묻고
골골이 스민 흔적

流浪 길 里程標도
衰한 기억 가물가물

끝물에
지는 보름달도
홀로왔다 홀로간다

* 지광현 사백님 영전에

* 벌써 여명을 가고 있는 하얀 밤의 터널! 오늘은 문단생활 40년의 文伯님을 보내야 하는… 청죽같이 곧은 길 걷겠다고 하시던 사백님, 이제 전송하고 홀로 남았나 싶소. 사백님, 뒤돌아보는 발걸음 어찌 떨어지리까! 삼가 명복을 빕니다.

제 3부

할머니의 자장가

진달래

팽팽이 부풀어
터질 듯한 젖가슴

입술처럼 빨알간 유두
살며시 열어주고

첫사랑
꽃나비 불러
불태우는 활화산

* 2002. 04. 27 화양동에서

첫 여름

落照는 능선 위에
피곤한 몸 가로 눕고

풀은 머리 수양버들
湖水에 잠겼는데

바람은
하늘 위에서
춤사위를 벌린다

사공 없는 나룻배
한가로이 일렁이고

버려진 사랑 노래
저 물결에 이는 그리움

빈 하늘
메아리지는
나그네 숨이 차다

하나만 아는 바보

三十年 긴긴 세월
추억은 아득한데

현해탄 넘나드는
가슴 시린 은빛 날개

이국에
맺어진 인연
장벽은 높았어라

나고야(名古屋)에 피던 장미
유리창에 그려보며

이슬 젖는 눈시울
추억 한줌 망각한줌

허공에
뿌린 그리움
시(詩)가 되어 내리네

* 1996. 09. 23 港都 부산에서

할머니의 자장가

여름 밤 달빛 아래
모깃불 피워놓고

할머니 무릎베개
단잠 들던 개구쟁이

지금은
누구 무릎에
자장가로 꿈을 여나

인자하신 그 모습
눈앞에 아른아른

눈물진 팔벼개에
옷 소매 젖어 들고

귓전에
들려 오는 듯
할머니의 자장가

호랑나비

저녁 햇살 지친 날개
쉴 곳 찾는 호랑나비

손짓하는
꽃가지에 빠알간
석류 하나

허기진
목마름의 여정
날개 접고 앉았다

밤이슬 달빛 아래
찾아드는 낯선 풍경

바람결에
실려오는 무화과 향기 찾아

머문 길
새벽을 털고
비상하는 호랑나비

靑木 이상덕

– 생신을 축하하며

李花는 달빛을
벗 삼아 詩를 읊고

靑玉碧 푸른 솔은
「가람」을 안고 가니

木尺橋
묻혀간 歷史
겨레시로 꽃 피우네

* 靑木 - 이상덕 시인 "아호"
* 가람 - 가람문학회

하아얀 밤

글 구절 마디마디
애상에
젖었어라

그리움에 사모친 정
이역 땅
님 그리며

하얀 밤
사이버 스페이스
밤을 걷는
여인아.

* 1996. 09. 28 사이버 화답시

머나먼 길

바람에 길을 묻고
구름 따라 나그네 길

내일도 오늘이고
어제도 오늘이듯

지구의
수레바퀴에
돌고 돌며 실려 간다

아름다운 미래를
잉태한 오늘은

슬픈 과거를 낳고
규범이란 굴레에서

평행선
긋고 가는 길
황혼이 깊어 간다

* 2013. 02. 13

祖國의 山河

찢겨진 벌거숭이
오물에
쌓인 대지

반만년 지켜온
백두대간
錦
  繡
    江
      山

머슴들
票밭 農事에
폐허되는
조국이여.

* 1999. 09

옛 성터

黃山伐 묻힌 歷史
百濟의 충혼이여

錦江에 잠긴 달빛
삼천궁녀 恨이련가

喜鵲아
너는 듣느냐
사비城의 痛哭을

* 1980. 05 부여에서

옹기 大匠

깊은 그늘 움집공장 물레 위에 질타래 얹고
옛 조상 슬기 모아 쌓아올리는 도공의 넋
통통통 수래질 소리 땀에 젖는 베적삼

새벽 닭 첫 울음에
수제비국 새벽참

도깨비불 바쁜 일손
인기척에 사라지고

거내꾼 깨끼질 소리
아침해가 떠오른다.

* 2000. 07. 05. 1960년대 충주 가릿여울

註

*질타래 : 질(흙)을 떡가래처럼 길게 늘여 놓은 것.

*수래질 : 옹기 안쪽으로 빗살 무늬나 동그란 무늬를 한 도개를 대고 "노"처럼 납작하게 만든 수래 (방망이)로 두드려 가며 옹기를 만든다.

*도깨비불 : 50년대 중반까지도 시골 옹기공장에는 도깨비가 놀았다. 특히 궂은 날 밤에는 빈 공장에서 곰배로 흙 치는 소리를 내나 하면 통통통 옹기 만드는 소리나 파란 불이 왔다 갔다하며 사금파리로 옹기 바닥을 고이는 소리를 딸그락 딸그락 내다가 인기척이 나면 금새 없어진다.

*거내꾼 : 흙을 다지고 질타래를 느리며 유액을 입히고 옹기대장의 뒷일을 하는 사람.

*깩끼질 : 옹기 만드는 흙에 모래를 고르기 위하여 흙칼로 다져놓은 질더미를 깎는 일.

제16대 국회의원 선거

선거 능선 깃발 꽂에 먹자판 살판났네
牽强附會 말씨름 불도저 만들어 주오
저지선 만들어 주오
돈 봉투 선물가방

自由인가 방종인가
혼란스런 유권자들

애향심 지역감정
앞뒤 없는 동전양면

開函은
泰山鳴動鼠一匹
지역 나눈 담벽 일러라

* 2000. 04. 13. 관망대

* 牽强附會 : 이론이나 이유를 자기편에 유리하게 갖다 붙임.
* 泰山鳴動鼠一匹 : 태산이 울리도록 요란했지만 나온 것은 쥐 한 마리

이상기류

대원군 당백전(當白錢) 역사(歷史)
사립문에 바람일고

귤나무 탱자 접목(接木)
민초들의 불안한 가슴

거울에
비친 목탁 소리
어둡기만 하여라.

메밀

이모도 고모 같고
고모도 이모 같다

이놈이 저놈이고
저놈도 이놈이니

낱 메밀
세 모서리가
눈깔을 희롱한다.

* 2009. 11 세종 시 원안 수정 싸움질을 보며

뜬 구름 따라서

바람에 길을 묻고
뜬 구름 따라가다

영마루 걸터 앉아
긴 한숨 내뿜는다

세파에
목마른 갈증
옹달샘에 적시면서

늦가을 소슬바람
찬 서리 마중하고

꿈 많던 고운 청춘
덧없이 흘러갔네

나 싫다
가는 세월을
난들 어이 잡겠는가.

예술의 승화

까아만 우주에는
별빛이 반짝이고

네모진 지구 안에
햇빛이 가득하다

하이얀
구름 걷힌 바닥에는
실낙원에 버려진 유혹

에덴동산 두 봉우리
펼쳐 내린 끝자락에

무성하게 우거진 숲속
질퍽한 절벽의 습곡은

태초에
창조된 예술
아담의 몫이었다.

송촌에 저문 황혼

송촌에 밝은 달도
기운 지 오래인데

오십천 갯가에는
들국화만 반겨 주고

스산한
가을 바람은
서글픔을 더하네

강안에 저 기러기
뉘를 찾아 가느냐

그 옛날 그리던 정
아스라한 꿈이어라

글쟁이
나그네 유랑
황혼녘에 눈물짓네.

* 1994. 10 삼척시 근덕면 축현리 송촌을 지나다가

단오절

단오절 그네 뛰는
나풀나풀 갑사댕기

삼회장 다홍치마
그네 줄 허공 위에

하이얀
속치마 펼쳐
한 송이 꽃이어라.

* 강릉 단오제 에서

가을 들녘

가을밤 기러기 울음
찬 서리 뒤따르고

김장 밭 배추포기
속 차는 알꼬갱이

벼포기
깔린 잡는 손
농부님들 시린 한숨.

탈

동공에 비친 황홀
오로라의 얼음기둥

너털웃음 가면 탈은
흐느끼는 속울음

막 내린
무대의 휘장 넘어
귀의 하는 자비의 품

제 4부

구원의 등불

부채

죽어진 몸이건만
자란 정 못 잊어서

지육(紙肉) 죽골(竹骨) 한몸 되어
백년가약 맺었어라.

그 몸에
낳은 자식은
살아 있는 바람이네.

빈자리

옛 꿈이 그리워서
목로집 찾아드니

쓸쓸히 놓인 술상
눈시울 이슬 맺고

오늘은
누구와 벗해
빈 술잔을 채우나

손

오월의 푸르름에
장미꽃 움켜진 손

소녀야 분결 같은
네 고운 손 나는 미웠고

흙먼지
누덕져 멍울진 손 나는 좋더라

부모님 시중 들며
남편의 뒷바라지

꾸러기 자식들의
행복을 빌어 주며

묵묵히
자리 지키는 눈물 한줌 아내 손.

새 千年 韓國

새 千年 東이 튼다
포효하는
猛虎의 땅!

서울 평양 한 胎줄
統一의 하이웨이

우리는
다시 飛上한다
地球村의 龍으로….

* 2000년의 문을 열며

上林에서

위천수 은물결에
부서지는 달빛 조각

咸化樓 누각 아래
고향 잃은 낙엽들

大關林
녹스는 추억
찬 이슬에 젖는다

* 大關林 - 상림의 옛이름

條件 結婚

—政治版의 九九法

가시는 길 흔적마다
上座郎君 시중들기
선비 고을 女人은
靑竹같은 지조라오

등(背) 돌린
新婚初 言約
봇짐 싸는 깊은 한숨

그네 줄 시계추 보면
님의 모습 스쳐가네
東班宅 西班宅
옮겨가며 섬기다가

姉妹들
뒷모습 보며
歎息하는 미련이여

* 2000. 04. 13 지조 없는 충청도당 높은 분을 보면서

檀君陵

東明王陵 檀君陵보며 史學者들 장군 멍군

잊혀진 자국 보면 알짜배기 東明王의 眞珠陵은 崩頹되어 平地되도 修築하는 이 하나 없고 大朴山의 檀君陵만 (1933.12.18) 地方有志들이 修築誠金 모았단다.

곰이 사람으로 化身한 麒麟窟과 朝天石! 檀君이 天降했다는 妙香山과 羅井林間의 新羅建國이나 龜旨峰에 알 여섯 개가 내려와 6가야국을 이룬 傳說들…

民族의 아름다운 神話 傳說로 足하리라.

* 2000. 07. 30 曲尺으로 創造되는 歷史를 보면서

* 문헌 : 조선일보 1933. 12. 18 1934. 1. 15. 字 社說.

旅程에 핀 因緣

장삼에 고깔쓰고
백팔번뇌 염주알

법당에 꿇어 앉아
하얀 밤
목탁소리

아린 정
사바의 번뇌
씻을 날은 언제려나.

보살님 계시 꿈이야기에
가슴저민 나그네!

흰눈 밟고 따라간 迎月
화선지에 핀 목련이여

車안의
스친 인연은
前生의 業報러라.

水蓮花

水深 속
깊은 사연
낙엽은 알련가

蓮꽃은
노을에 져
일렁이는 춤사위

花心에
머물던 그리움
찬서리에 젖는다.

구원의 등불

배들레헴 예수성탄
영광에 가득 차고

구유에 누워 계신
하느님의
독생자

헐벗고
굶주린 자들
더 한번
살피소서.

* 성탄의 영광을 같이하며 1999

나그네

날이 가고 달이 가고
오늘도
또
하루

열두 줄 선율 위에
동그라미
그리다가

잔 속에
담아온 여정(旅程)
등잔불이 그립다.

평행선의 길벗

한가위 마을행사 신파극 가설무대
흘러간 어린 역사 아스라한 기억들
징소리
막 내린 수줍음
퇴색한 사진 한 장

달빛 졸던 섬바위 꿈
풀지 못한 수수께끼는

역마에 노을지는
평행선의 그리움

못 다한
이야길랑은
가슴에 묻고 가자.

* 한가위 섬돌에서 1999. 09. 23

가을 風景

볏짚 깔린 비인 들녘
바람이 뛰어 놀고

만자홍엽 불 타는 산
석양에 저무는데

茶盞에
핀 국화향은
너와 나의 對話였다

甲寺를 찾아서

붉게 타던 단풍잎
움추려 떨고 있고

매질하는 겨울 바람에
울고 있는 풍경 소리

甲寺 뜰
千年의 고찰
황혼이 깊어 간다

달

湖水에 잠긴 달
盞으로 떠냈더니

잔 속에 앉았는데
湖水에 누워 있고

밤 새워
떠내고 떠내 봐도
달은 건지지 못했다

말복날

늙은 여름 말복은
입추 앞에 석별 눈물

인삼은 찹쌀에 묻혀
영계 뱃속에 익어가고

삽살개
그늘 아래서
엎드려 낮잠 잔다

베적삼 땀에 젖은
농부의 막걸리 잔

삼계탕 뱃살 채우고
뱃대지 부른 돼지들

낯선 집
추마 밑으로
고미 할 곳 찾아 간다

유성온천의 밤

어둠을 불사르는
네온 숲 유성의 밤

고급 양주 있어요
예쁜 무희 있어요

빠알간
불빛 깜박깜박
윙크하는 유혹의 덫

뜬구름

바람은 같이 있어도
그 얼굴 볼 수 없어

유랑
만리
나그네 길
지친 걸음 쉬어가고파

청산에
바위 불러다
감발 푸는
雲
岩
亭

잊혀진 얼굴

그 옛날 죽고 못 살
엄살 맞은 사랑 노래

빛 바랜 울음일랑
이제는 잊고 살자

녹슨 꿈
세월에 묶어
흘러간 지 오래러라

영원히 같이 걷자
모래 위에 새긴 글자

너와 나의 발자국도
파도에 쓸려 갔고

이제는
망각의 뒤안길
한 조각의 꿈이어라

同床異夢

앞서 가고 뒤따르고
평행선의 길동무

가는 길은 한 방향
목적지는 달랐다

철새는
구름을 가고
텃새는 들을 간다

기러기 물을 찾고
텃새는 방앗간을

산은 물을 못 건너고
물도 산을 못 넘으니

멈춰선
여정의 십자로
주사위를 던진다

* 2002. 06. 02 화합 할 수 없는 이념 사상

대나무

잡초도 안 닮았고
나무도 못되는

속내마저 텅텅비어
빈 곧음 허명안고

허공에
지는 메아리
가슴 속에 젖는다

보고 싶었다

길 가다 길 가다가
발걸음 멈춰선 곳

아득히 먼~ 기억,
문패가 걸려 있다

"미안해."
돌아서는 등 뒤에서
"여보세요! 잠깐만요."

강산이 두 번 변한
여정에 묻은 흔적

피할 수 없는 인연은
하늘의 뜻이던가!

말없이
서 있는 여인의
이슬 맺힌 눈시울,

* 2012. 05. 13

아쉬움이 남은 꿈

가슴 죄이는 심근통증
이승 저승의 갈림 길에

잔디 밭 호숫가에
백마 고삐 잡고

방긋이
웃는 흰 드레스 여인
같이 타고 걸었다

호숫가에 핀 창포 꽃
아름다운 꽃들의 향연

말을 타고 강 건너다 텀벙!
놀라서 깬 아쉬운 꿈

링거 낀
손 꼬옥 쥐고
엎드려 잠든 가녀린 얼굴

* 2012. 歲暮의 病室에서

*불나비 : 불나방과에 속하는 火蛾, 火蝶(들나비집)

* 시작 노트

深谷으로 들기 전에 지난날의 발자국을 더듬어보고 싶어 同行하여 古宮 구경도 하고 옛날 경영하던 出版社 자리며 이곳저곳 둘러보고 乙支路 거리를 걷다가 급작스레 흉통으로 주저앉아 의식을 잃었다.

날씨가 추울 때는 심근경색이 한번 씩 말썽이다. 아쉬운 꿈에서 깨어나니 팔에는 링거가 꽂혀 있고 고생을 자처하고 불나비처럼 찾아들은 철없는 天使가 내 손을 꼭 쥐고 병상에 엎드려 엷은 잠에 취해 있다.

간병인(?) 얼마나 지쳤는지 손질도 못한 긴 웨이브머리가 얼굴을 덮고 있는 야윈 모습이 안쓰럽고 미안하기만 했다.

甲午年 年頭詩

甲午의 밝은 해
龍馬의 푸른 기상

利敵者들 쓸어내어
도약하는 대한민국

第2의
漢江의 奇蹟
地球村을 빛내리

* 甲午年 元旦(새해 아침)

詩가 머문 국수집

바람 따라 딛는 자욱
유년은 화폭에 남고

세월의 유산인가
낯설은 아파트 숲들

계명산
국수 한 그릇
女流詩人 밝은 미소

* 충주 강 시인의 국수집에서

영낭 속의 낙서장

선술집 술잔 속에
떠오르는 님의 얼굴

먼 하늘 뜬 구름 잡고
고향소식 물어본다

낯선 창
만리장성 사연
풋 사랑 눈물 한점

* 1971. 09. 16 남원에서

義岩에 핀 꽃

촉석루 단애 아래
쪽빛 파란 南江물

적장 안고 落花한
論介의 忠義節介

의암에
새긴 거룩한 충혼
역사 속에 꽃 핀다

義岩 : 어미바위(옛 이름)

빈 가슴

아름다운 현실은
미래의 슬픈 약속

추억 묻은 남한강
갈대잎만 흩날리고

빈 가슴
채울 곳 없어
허공안고 걷는 노을

* 2001. 12. 20

水蓮花

水深 속
깊은 사연
낙엽은 알런가

蓮꽃은
노을에 저
일렁이는 춤사위

花心에
머물던 그리움
찬서리에 젖는다.

인생선

갖인 것도 갖일 것도
남은 것도 남을 것도

바란 것도 바랄 것도
줄 것도 없는 나그네

감발한
옷 자락 섶에
스쳐가는 인연들!

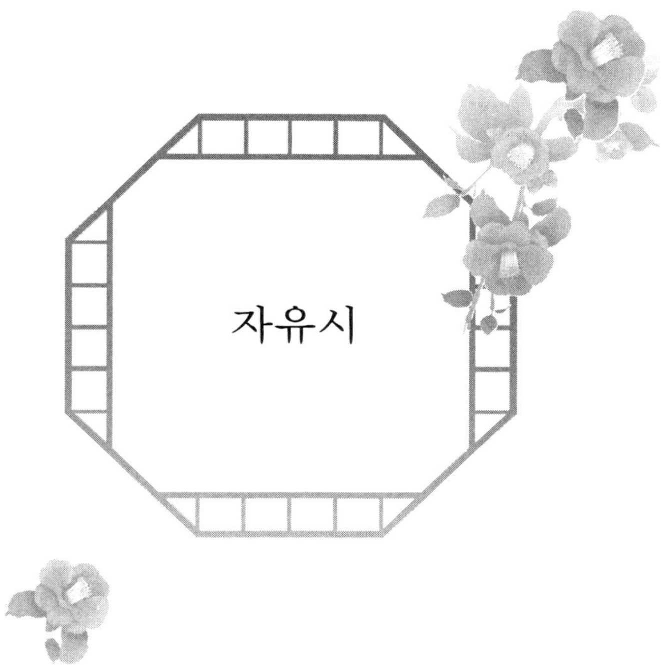

자유시

〈자유시〉

세월

— 문민정부가 오기까지

거치른 자갈밭 길
걸어도 봤다

얼어붙은 나룻터에
노을이 지면

달이
뜰 거라고…
발을 굴으며 기다린다

초승달이 뜨고
반달이 기울 때

시인의 입김으로
녹인
그라스에는
보름달이 담겨 있고

버드나무 가지

연두색 되어
강 가에는
새싹 붙여 매달린다

* 2002. 11. 11 유랑 길 세월의 편린에서

〈자유시〉

청오석 두꺼비

어느 해 여름, 점촌 구랑리 돌밭
이상욱 내외
물속에 잠자는 돌들을 다 들쳐 깨운다.

허벅지 차는 개여울
행여나 하는 부푼 꿈에
눈동자가 반짝반짝

버려진 돌 무덤에
주둥이 내밀고 쳐다보는 까만 놈!
조심스럽게 끄집어 낸 청오색 두꺼비

얄팍하게 뾰족스럼한 주둥이
목 너머로 얕게 홈진 어깨의 골격
엉덩이에 불거져 나온 허벅지

살짝 패여 눈꺼풀진 눈동자
팽팽하게 탄력진 숙녀의 피부처럼

반질반질한 천년의 수마된 피부
목욕시키고 좌대에 앉히니
애석가(愛石家)들 감탄사가 연발이다.

* 1997. 08. 06 점촌 구랑리 탐석 길

〈자유시〉

진고개를 걸으며

울긋불긋 동화백화점 앞
한양 나들이 시골 손님들
갓은 삐뚤어져 봉이 김선달

"청량리 중량교가여~ 청량리 중량교 가여~"
시내버스 차장들의 지친 호객소리
행선지 묻던 시골 할배
"뭐? 이놈아! 차라리 죽는게 나아?!"
처음 듣는 서울 말 발음에 차장과 입씨름…

남문역 앞
끼~익 끽~ 전차의 목쉰 소리
모래내 마방간 달구지 행렬
방울소리 짤랑짤랑 진고개 줄을 잇고
타박 타박 지친 발걸음
달구지 뒤에 매달려 걷든 이 길!

밀물처럼 밀려드는 차들의 행렬
사람 사람
오늘은 아우성치는 사람에 밀려
이 길을 간다
그 세월 자국 찾아 옛 길을 간다.

* 1978. 05. 08

* 동화백화점 : 지금의 신세계 백화점

〈자유시〉

韓國의 三好聲

시부모님 입으실 하야얀
모시 옷
사랑하는 낭군님
갈포 중이 적삼
영산홍 붉은 빛 어린
새아씨 방 창호지 문
다듬잇돌 정겨운 리듬

'다듬이질 방망이 소리'

해거름 저녁 그늘
보리쌀 때기는 절구질이 바쁜데
"아가~ 돼지 젖 줘라~"
시어머님 품에 안긴

'갓난애기 울음소리'

성황당 장승백이
길을 묻는 나그네
“人間私語라도 天聽이 若雷하고…”
(인간사어라도 천청이 약뢰하고…)
동네어귀 서당 담길
‘서생들의 글 읽는 소리’

문명의 너울 입어
사라져간 뿌리여- 넋이여!

* 삼호성(三好聲) = 三喜聲이라고도 함.
* 民俗: 마을 어귀에 있는 성황당 나무옆에 ‘天下大將軍’(고주몽 신)과 ‘地下女將軍’(고주몽의 어머니 하백녀신) 으로 고구려와 백제의 수호신이며 음력 1월14일 서낭제에 신라 21대 소지왕이 가마귀의 도움으로 厄을 면했다 하여 가마귀 2마리를 만들어 장대 위에 꽂은 ‘솟대’와 함께 세웠으며 원래는 소나무둥치에 채색없이 墨으로만 사용했다. 1950년대까지도 원형을 유지해왔으나 지금은 창작조형 상품으로 왜곡되어 原形이 잊혀지는 民俗이다.

〈자유시〉

고향의 그림자

가래소 가랫여울 노 저어 가던
뗏목배!

짓궂은 동무들
"돼지울 지어라-" 소리치면
뗏 사공 악담하는 고함소리
메아리 지던 나룻터
목시울

아지랑이 봄 볕 아래 나풀나풀
나비떼

"자야는 내꺼다"
"순이는 내꺼다"
지게 목발 장단치며 흥얼흥얼
콧노래

나물캐는 처녀머리 빨강 갑사댕기
꽃다지 냉이 가시씀배 보리아재비
"고향의 내음"

개나리꽃 호장저고리
진달래꽃 꼬리치마 휘날리던
"고향의 꿈"

마당바우 노적바우 멱 감던
풋고추 그리운 얼굴들
두고온 세월 한켠
"고향의 그림자"

개발의 녹슨 역사 텅비인 강변에는
메마른 갈대 잎만 바람결에 흩날린다

* 1996. 10. 20 남한강 용탄리 가랫여울에서

* 시 「고향의 그림자」 작품평설

이 시를 읽으면 잊혀진 옛 동무가 떠오른다. 자연 속에서 자유롭던 놀이와 정겹던 얼굴들, 이젠 다시 볼 수 없는 그리운 것들이다. '꽃다지 냉이 가시씀배 보리아재비' 처럼 우리를 낳은 어머니의 냄새가 밴 고향이다. '멱 감던 마당바우 노적바우' 처럼 우리를 기른 아버지의 기운이 묻어 있는 고향이다.

〈고향의 그림자〉안에 뒤안 길을 돌아보는 노인의 눈이 있다. 오래된 고독과 그리움과 한이, 깊은 우물처럼 고인 눈이다. '텅 비인 강변에 메마른 갈대 잎만' 남겨진, 현실을 고발 하는 눈이다. 그립고 보굪은 고향을 모두 앗아간 것이, 개발이란 녹슨 역사임을 증언하는 눈이다. 그 깊은 눈으로 부터 맑디맑고도 아름다운 슬픔이 흠뻑 젖어드는 시다.

작가 안학수 (대전 · 충남 시선 제2집)

〈跋文〉

팔순 노시인의 流浪과 航海

최 광 림
(시인·문학평론가·토요신문 주필, 대표이사)

요즘 문학을 하는 사람들, 특히 시를 쓰는 詩人들을 보자면 답답하다는 생각이 든다. 아니 답답함을 넘어 우직하고 바보스럽다는 표현이 더 정확할 것 같다. 이 삭막하고 우중충한 世態 속에서 시를 써서 뭐 하나? 그런 산술적인 상식의 선에서 내뱉는 逆說的 自歎이다.

분명한 것은 시인이 죽은 사회는 암울하고 참담하다는 사실이다. 이 혹한의 칼바람과도 같은 冷酷한 현실 속에서 한 가닥 남은 희망의 끈을 놓지 않고 絶叫하듯 몸부림치는 貧困하고도 儒弱한 시인들이 있기에 우리는 또 헝클어진 마음을 다잡고 내일을 꿈꾸어 볼 수 있는 것이다. 그런 까닭에 진정한 시인은 이 酷寒과 暗黑의 땅을 밝히는 거룩한 등불과도 같은 존재가 아닐 수 없다.

德山 장춘득시인은 이제 八旬을 넘긴 원로시인이다. 특히나 민족정기의 뿌리와도 같은 時調에 穿鑿하여 시조를 사랑하는, 시조를 통한 애국에 몸 바친 정통한 시조시인이다. 그런 분이 참으로 오랜만에 시조를 담아들고 우리 곁에 모습을 드러냈다니 반가운 일이다.

고매한 인품과 덕망을 지닌 文壇의 원로시인 덕산 선생의 나들이에 迎接의 光榮을 얻게 된 필자는 이제 찬찬한 마음으로 선생의 글밭을 독자들과 함께 음미코자 한다.

아래시조는 덕산 시인이 꼼꼼하게 시작노트까지 첨부한 작품이다. 민족 고유의 전통과 미풍양속은 망가진 지 이미 오래고, 그 自歎과 歎息은 참담한 절망의 언저리를 맴돌고 있다. 부연하자면 이제 시인은 어쩌면 현실에 순응하는 순한 양으로의 屈服을 강요당하고 있는 셈이다.

간이역 2

누덕진 흔적에는
철새들의 쉼터였다

저자거리 약속은
깨기 위해 존재하고

인연은 집창촌의 약속
거쳐 가는 풋사랑

단시조로 이루어진 누누한 수채화 같은 작품이다. 작가 자신의 所懷대로 '흩어지는 인연들을 보면서' 노시인은 쉽게도 헤어지고 또 만남을 반복하는 풋사랑 같은 세태를 아쉬워하며 단호하게 고발하고 있다. 진정한 사랑은 아홉 개를 주고 한 개를 받으려하는 것이 아니라 아홉 개를 주고도 남은 한 개를 더 못줘 안타까워하는 것이다. 이렇듯 숭고한 사랑이 인스턴트로 변질된 시대, 그 속에서 시인은 禪門法語와도 같은 逆說的 應對로 비판의 날을 세운다. '시작과 끝은 소멸하는 것이니 오늘도 내일도 시작이고 끝이다.'

경포대는 다섯 개의 달이 뜨는 곳으로 익히 알려진 곳이다. 하늘의 달, 술잔의 달, 호수의 달, 바다의 달, (임의) 눈 속의 달. 필자는 이 다섯 개의 달에다 하나를 더 추가하고 싶다. 바로 마음(가슴) 속에 뜨는 달이다.

강릉 경포대(江陵 鏡浦台)

물 찾아 山 찾아 세월 낚는 詩人아!
三千甲子 東方朔도 가는 해 못 잡았고
李太白 詩聖 호걸도 지는 달은 못 잡았네.

李白은 洞庭湖에 달을 안고 놀았는데
鏡浦台 四鏡月을 外面하고 가려는가
湖水에 배 띄워 놓고 詩興에 취해보면…

하늘에 걸린 달 바다에 춤추는 달
하아얀 젖무덤 풀고 손짓하는 湖水에 뜬 달
입술로 불태우는 사랑인가 술잔 속에 애타는 달.
〈1971년 8월 동해안 民俗取材 길에서 '자유신보'〉

언뜻 노시인이 詩聖 李太白을 닮았다는 생각이 든다. 그것도 47년 전 혈기왕성한 30 초반의 작품이라니 믿기지가 않는다. 그러고 보면 덕산 시인은 애초부터 역마살이 낀 傑出한 風流過客의 끼를 타고났다. 시인이 老齡의 병약한 世數이긴 하지만 지금도 당당한 결기는 젊은이도 犯接할 수 없는 현대판 장삿갓의 氣槪를 유감없이 보여준다.

건널 수 없는 江

江 폭이 너무 넓어
건널 수가 없었다

물안개로 어우러져
虛空에 뿌린 사랑

투명 벽
쌍곡선 레일 위에
비가 되어 내린다

위 작품에서 시인은 '江 폭이 너무 넓어 건널 수가 없었다.'고 푸념 섞인 한숨을 토하고 있는데 적어도 필자가 보기엔 강폭이 넓어서가 아니라 마음의 이격거리, 즉 마음의 壁에

가로막힌 痛苦를 吐露하고 있다. '허공에 뿌린 사랑이 비가 되어 내린다.'고 했는데 그 終着地가 修德寺인지, 아니면 이 우주의 알 수 없는 어느 한 점인지는 시인만이 알고 있을 것이다. 노시인의 가슴에서 이렇듯 활활 타고 있는 回春의 사랑 또한 예사롭지 않다.

諷刺와 諧謔, 그 美學의 絶對値를 具現한 작품이 바로 '觀照 2'다.

觀照 2

수양버들 연못가에
花柳亭 풍악소리

원앙새 사랑놀이
어화둥둥 방아 찧고

菊花酒
주안상 머리
변강쇠 양반님들

까마귀가 백로 흉내를 내고 '뱁새가 황새 따라가려다가 가랑이 찢어진' 꼴이다. 글쟁이는 글을 쓰고 정치인은 정치에 沒入해야 나라다운 나라가 될 수 있다. 글쟁이가 정치인 흉내를 내고 정치인이 글쟁이 흉내를 낸다면 그 몰골은 상상만 해도 우습기 짝이 없다. 風樂을 울려가며 뇌물상 받아먹고

줄줄이 굴비 엮이듯 공밥(콩밥) 먹으러가는 양반님들을 보자니 오늘날 정치하는 놈들의 썩어빠진 냄새가 한 여름날 해우소의 그것보다 더 고약한 냄새가 난다. 역시 해학과 풍자의 白眉로 무장한 단단한 작품이다.

樹州 변영로는 '論介'에서 '아! 강남콩꽃보다도 더 푸른 그 물결 위에/양귀비꽃보다도 더 붉은 그 마음 흘러라.'고 했다. 한민족의 元兇인 적장 개야무라를 껴안고 진주 남강에 투신한 논개, 그는 분명 민족과 남편 최경희를 敬愛한 忠節과 義人의 대명사다.

義岩에 핀 꽃

촉석루 단애 아래
쪽빛 파란 南江물

적장 안고 落花한
論介의 忠義節介

의암에
새긴 거룩한 충혼
역사 속에 꽃 핀다

이 작품에서 노시인은 논개를 '의암에 핀 꽃'으로 비유했다. '낙화'는 통한과 슬픔의 극대치다. 하지만 그 슬픔이 눈부신 戰慄로 다가오는 것은 바로 '忠義節介'에 연유한 까닭이다. 이렇듯 덕산 시인의 작품 거개가 풍류와 해학, 민족애와

충절을 執拗하게 끌어안고 流浪과 航海를 거듭하고 있다.

단 하나도 버릴 것이 없는 정제된 알맹이로 함축과 축약의 진수를 보여주는 선생의 행보가 경이롭다. 위에서 言及한 다섯 편의 작품으로 원로시인 덕산 선생의 작품성향을 논한다는 자체가 冒險일 수 있으나 나머지 대부분의 작품들도 이와 軌를 같이하는 까닭에 큰 무리가 없으리라 믿는다. 다만 독자들은 이 작품집에 실린 모든 작품들을 찬찬히 精讀하고 음미하면서 味感을 충족시킬 만한 정서적 반응과 感應이 觸發될 수 있기를 기대한다.

덕을 산처럼 쌓는다는 '德山'이란 시인의 호처럼 원로시인 덕산 장춘득 선생의 앞날에 날로 文運이 창창하기를 거듭 伏望한다.

* 2017년 12월 22일 開雄山房 崔光林 識

창가에 머문 달빛

장춘득 시조집

발 행 일 | 2018년 01월 22일
지 은 이 | 장춘득
발 행 인 | 李憲錫
발 행 처 | 오늘의문학사
출판등록 | 제55호(1993년 6월 23일)
주 소 | 대전광역시 동구 대전로867번길 52(한밭오피스텔 401호)
전화번호 | (042)624-2980
팩시밀리 | (042)628-2983
전자우편 | hs2980@hanmail.net
다음카페 | cafe.daum.net/gljang 문학사랑 글짱들
다음카페 | cafe.daum.net/art-i-ma 아트매거진(아띠마)

공 급 처 | 한국출판협동조합
주문전화 | (070)7119-1752
팩시밀리 | (031)944-8234~6

ISBN 978-89-5669-887-8
값 9,000원

* 이 책은 교보문고에서 E-Book(전자책)으로 제작하여 판매합니다.
* 잘못 제작된 책은 바꾸어 드립니다.
* 이 책은 대전문화재단 과 대전광역시 에서 사업비 일부를 지원받았습니다.